Houghton Mifflin Harcourt

# La vida en la pradera

por Meg Abbott



PHOTOGRAPHY CREDITS: Cover ©North Wind Picture Archives/Alamy; 1 ©Library of Congress; 2 ©George Eastman House/Getty Images, (sky border) ©Photodisc/Getty Images; 4 ©Library of Congress; 5 ©Library of Congress; 7 ©John Carnemolla/Corbis; 7 ©Berit Myrekrok/Getty Images; 8 ©Library of Congress; 10 ©The Bridgeman Art Library/Getty Images.



Printed in the United States

ISBN: 978-0-544-17199-2

4 2562 23

4500878427 A B C D E F G

# Los pobladores de la pradera

Hace más de cien años, el centro de nuestro país estaba casi vacío. No había ciudades ni pueblos. Solo había millas y millas de tierra llana, cubierta de hierba. Era la pradera. Cuando la gente del Este vio la pradera por primera vez, pensó que sería muy difícil vivir allí.

De hecho, ya había personas allí. Eran tribus de indígenas de las llanuras que recorrían la zona a caballo. Iban de un lugar a otro, persiguiendo manadas de búfalos.

La gente se trasladó del Este a la pradera.

En el Este, ya había demasiada gente en las ciudades. La pradera era el único espacio abierto grande que quedaba. El suelo fértil era perfecto para la agricultura.

El gobierno aprobó leyes para entregar tierras de la pradera. Así, miles de personas llegaron a la pradera en busca de una nueva vida. Fueron los pioneros.

# La vida de los pioneros

La vida en la pradera era difícil. Los adultos trabajaban mucho. Construían sus propias casas y establos. Cultivaban sus alimentos. Hacían su ropa. Y si algo se rompía, lo arreglaban con sus propias manos. Tenían la piel áspera por tanto trabajo.

Los pioneros hacían casi todo por su cuenta. Otras familias vivían a muchas millas de distancia. La pradera podía ser un lugar solitario.

La vida de los niños también era difícil. Tenían que salir a recoger agua de pozos o arroyos. Alimentaban a los animales y recogían vegetales del huerto. En la casa, mantenían el fuego encendido y quitaban el polvo de las alfombras dándoles manotazos.

Muchos niños de la pradera iban a la escuela. Caminaban muchas millas hasta allí.

# Los peligros de la pradera

La vida en la pradera también era peligrosa. El mal tiempo era una gran amenaza. La falta de lluvia durante semanas dejaba sin agua los cultivos. La tierra seca se convertía en polvo y se formaban enormes nubes que llegaban al cielo.

Las lluvias repentinas podían hacer el suelo muy **resbaladizo**. A veces caía granizo. Lo malo no era el **traqueteo** al caer sobre los techos, sino que arruinaba los cultivos. Un tornado podía destruir establos y casas.

El peligro también venía de las enfermedades, los animales salvajes y de otras personas. No había hospitales cerca, así que una enfermedad podía ser mortal.

Los enjambres de insectos pasaban **zumbando** y podían comerse un campo de trigo entero en una sola tarde. El ruido de las hojas cuando **crujen** podía ser señal de una víbora venenosa.

# Jugar en la pradera

Pero la vida en la pradera también podía ser divertida. Cuando había buen tiempo, los niños pasaban muchas horas afuera. Jugaban juntos, corrían con los perros y andaban a caballo. En invierno, construían fuertes para jugar a la guerra de bolas de nieve. En verano, nadaban en los arroyos, olfateaban flores silvestres y estampaban los pies en las huellas de las garras de los animales.

En casa, fabricaban muñecas con trozos de tela o hacían juguetes con madera. Inventaban sus propios acertijos, adivinanzas y crucigramas.

# Juegos de la pradera

Los niños de la pradera jugaban a cosas que los niños siguen jugando hoy. ¿Sabes jugar a las canicas, al escondite y a "Simón dice"? ¡Todos estos juegos también se jugaban antes!

## ¡Hora de celebrar!

Como las familias vivían tan lejos unas de otras, todos disfrutaban los momentos que pasaban con sus vecinos.

Las mujeres tejían mantas. Los hombres construían graneros. Todas las familias preparaban comidas y comían juntas. Por la noche, todos bailaban bajo el cielo estrellado.

# Responder

## VOCABULARIO CLAVE Formar palabras

Haz una red de palabras alrededor de la palabra áspero. ¿Qué otras palabras significan lo mismo?

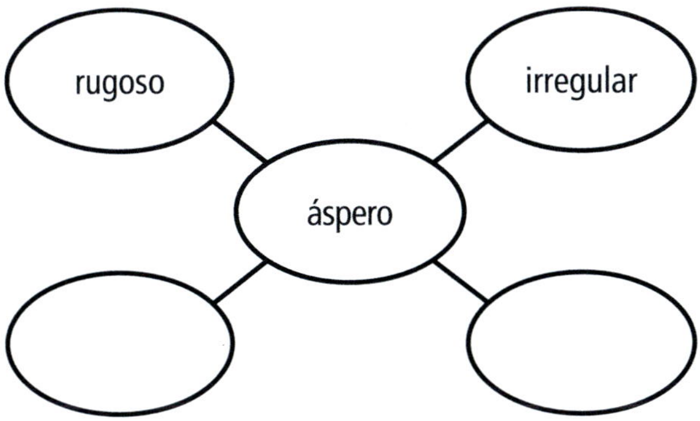


## ¡A escribir!

**De texto a texto** ¿Alguna vez leíste un cuento que sucede en la pradera? Escribe una o dos oraciones sobre lo que pasa en el cuento. Usa palabras de Formar palabras.

**VOCABULARIO CLAVE**

| | |
|---|---|
| **áspero** | **pradera** |
| **crujir** | **recoger** |
| **estampar** | **resbaladizo** |
| **garra** | **traqueteo** |
| **olfatear** | **zumbar** |

**ESTRATEGIA CLAVE** **Verificar/Aclarar** Mientras lees, piensa en qué no tiene sentido.

**Acertijo** ¿Qué palabra del vocabulario contiene otra que significa dos?